LES
LOIX DE MINOS,
OU
ASTÉRIE,
TRAGÉDIE
EN CINQ ACTES,
PAR M. DE VOLTAIRE.

Prix, 30 fols.

A PARIS,

Chez VALADE, Libraire, rue Saint Jacques, vis-à-vis celle des Mathurins.

M. DCC. LXXIII.

ACTEURS.

TEUCER, Roi de Créte.

ASTÉRIE, Captive.

AZÉMON, Vieillard de Cydon.

DATAME & ſes Compagnons, Cydoniens.

PHARÈS, grand Sacrificateur de Gortine.

MÉRIONE, Arconte.

DICTIME, Arconte.

UN HÉRAUT.

UN CYDONIEN.

Un autre CYDONIEN.

SOLDATS.

PRÊTRES.

La Scene eſt dans le Parvis du Temple de Jupiter.

LES
LOIX DE MINOS,
OU
ASTÉRIE,
TRAGÉDIE.

ACTE PREMIER.

SCENE PREMIERE.

(Le Théâtre repréfente les Portiques d'un Temple, des Tours fur les côtés, des Cyprès fur le devant.)

TEUCER, DICTIME.
TEUCER.

Quoi! toujours, cher ami, ces Arcontes, ces Grands
Feront parler les Loix pour agir en tyrans?

A

Minos qui fut cruel, a régné fans partage ;
Mais il ne m'a laiffé qu'un pompeux efclavage ; ·
Un titre, un vain éclat, le nom de majefté,
L'appareil du pouvoir, & nulle autorité.
J'ai prodigué mon fang, je regne & l'on me brave :
Ma pitié, ma bonté pour cette jeune efclave,
Semblent dicter l'arrêt qui condamne fes jours.
Si je l'avais profcrite, elle aurait leurs fecours.
　Tel eft l'efprit des Grands, depuis que la naiffance
A ceffé de donner la fuprême puiffance.
Jaloux d'un vain honneur, mais qu'on veut partager,
Ils n'ont choifi des Rois que pour les outrager.

DICTIME.

Le trône a fes périls ; je les connais fans doute ;
Je les ai vus de près : je fais ce qu'il en coûte.
J'aimais Idoménée ; il mourut exilé ;
Et pleurant fur un fils par lui-même immolé,
Par le fang de ce fils, il crut plaire à la Créte ;
Mais comment appaifer la fureur inquiéte
De ce peuple inconftant, orageux, égaré ?
Vive image des mers dont il eft entouré ?
Les flots font élevés ; mais c'eft contre le trône.
Une fombre tempête en tout tems l'environne.
Le fort vous a réduit à combattre à la fois
Les durs Cydoniens, & vos jaloux Crétois.
Les uns dans le confeil, les autres par les armes ;
Vos jours toujours troublés font entourés d'alarmes ;
Hélas ! des meilleurs Rois c'eft fouvent le deftin.
Leurs pénibles travaux fe fuccédent fans fin.
Mais que votre pitié pour cette infortunée,
Par le cruel Pharès à mourir condamnée,

N'ait pas par votre exemple attendri tous les cœurs ;
Que ce faint homicide ait des approbateurs,
Qu'on ait juftifié cet ufage exécrable,
C'eft là ce qui m'étonne ; & cette horreur m'accable.

TEUCER.

Que veux-tu ! ces guerriers fous les armes blanchis,
Vieux fuperftitieux aux meurtres endurcis,
Deftructeurs des remparts où l'on gardait Hélène,
Ont vu d'un œil tranquile égorger Polixène.
Ils redoutaient Calchas, ils tremblaient à mes yeux
Sous un Pontife altier plus implacable qu'eux.

Tel eft l'aveuglement dont la Gréce eft frapée ;
Elle eft encore barbare & de fon fang trempée.
A des Dieux deftructeurs elle offre fes enfans.
Ses fables font nos Loix, fes Dieux font nos tyrans.
Thébes, Mycéne, Argos vivront dans la mémoire.
D'illuftres attentats ont fait toute leur gloire.
La Gréce a des héros, mais injuftes, cruels,
Infolens dans le crime & tremblans aux autels.
Ce mélange odieux m'infpire trop de haine.
Je chéris la valeur, mais je la veux humaine.
Ce fceptre eft un fardeau trop pefant pour mon bras,
S'il le faut foutenir par des affaffinats.
Je fuis né trop fenfible, & mon ame attendrie
Se fouléve aux dangers de la jeune Aftérie.
J'admire fon courage, & je plains fa beauté ;
Ami, je crains les Dieux, mais dans ma piété,
Je croirais outrager leur fuprême juftice,
Si je pouvais permettre un pareil facrifice.

DICTIME.

On dit que de Cydon les belliqueux enfans,
Du fond de leurs forêts, viendront dans peu de tems

Racheter leurs captifs, & fur-tout cette fille
Que le fort du combat arrache à fa famille.
Nous pourrions leur parler ; peut-être quelque jour
De la paix parmi nous le fortuné retour,
Adoucirait nos mœurs, à mes yeux plus atroces
Que ces fiers ennemis qu'on nous peint fi féroces.

    Nos Grecs font bien trompés ; je les vois glorieux
De cultiver des Arts, & d'inventer des Dieux ;
Cruellement féduits par leur propre impofture,
Ils ont trouvé des Arts, & perdu la nature.
Ces durs Cydoniens, dans leurs antres profonds,
Sans autels & fans trône, errans & vagabonds,
Mais libres, mais vaillans ; francs, généreux, fidéles,
Peut-être ont mérité d'être un jour nos modéles.
La nature eft leur regle, & nous la corrompons.

TEUCER.

Quand leur chef paraîtra, nous les écouterons,
Les Arcontes & moi, felon nos Loix antiques,
Donnerons audience à ces hommes ruftiques.
Reçois-les ; & fur-tout qu'on leur laiffe ignorer
Les facrés attentats qu'on ofe préparer.

    Je ne te céle point combien mon ame émue,
De ces Cydoniens abhorre l'entrevue.
Puis-je voir, fans frémir, ces fauvages guerriers,
De ma famille entiere infolens meurtriers :
J'ai peine à contenir cette horreur qu'ils m'infpirent.
Mais ils offrent la paix où tous mes vœux afpirent ;
J'étoufferai la voix de mes reffentimens ;
Je vaincrai mes chagrins qui réfiftaient au tems.
Il en coûte à mon cœur, tu connais fa bleffure,
Ils vont renouveller ma peine & mon injure ;

Mais faut-il en punir un objet innocent ?
Livrerai-je Aftérie à la mort qui l'attend ?

On vient : puiffent les Dieux que ma juftice implore ;
Ces Dieux trop mal fervis, ces Dieux qu'on deshonore
Infpirer la clémence, accorder à mes vœux
Une Loi moins cruelle, & moins indigne d'eux !

SCENE II.

TÉUCER, DICTIME, PHARÈS, MERIONE, les Arcontes & les Prêtres.

(*Le Pontife Pharès avance avec les Sacrificateurs à fa droite ; le Roi eft à fa gau-
che accompagné de Dictime & des Arcontes.*)

PHARÈS *adreffant la parole au Roi.*

Prenez place, Seigneur, au temple de Gortine ;
Adorez & vengez la puiffance divine.

(*Ils montent fur une eftrade, & s'affeyent dans
le même ordre.*)

Prêtres de Jupiter, organes de fes Loix,
Confidens de nos Dieux, & vous, Roi des Crétois ;
Vous, Arcontes vaillans, qui marchez à la guerre
Sous les drapeaux facrés du maître du tonnerre ;
Voici le jour de fang, ce jour fi folemnel,
Où je dois immoler aux marches de l'autel,
L'holocaufte attendu que notre Loi commande.
De fept ans en fept ans nous devons en offrande
Une jeune captive aux manes des héros.
Ainfi dans fes décrets nous l'ordonna Minos,

Quand lui-même il vengeait, fur les enfans d'Egée,
La majefté des Dieux & la mort d'Androgée.

Nos fuffrages, Teucer, vous ont donné fon rang;
Vous ne le tenez point des droits de votre fang;
Nous vous avons choifi quand, par Idoménée,
L'île de Jupiter fe vit abandonnée.
Soyez digne du Trône où vous êtes monté;
Soutenez de nos Loix l'infléxible équité :
Jupiter veut le fang de la jeune captive
Qu'en nos derniers combats on prit fur cette rive:
On la croit de Cydon. Ces peuples odieux,
Ennemis de nos Loix & profcrits par nos Dieux,
Des repaires fanglans de leurs antres fauvages
Ont cent fois de la Créte infefté les rivages;
Toujours punis en vain, ils ont toujours brifé
Le joug de l'efclavage à leur tête impofé.

Rempliffez à la fin votre jufte vengeance.
Une époufe, une fille à peine en fon enfance,
Aux champs de Bérécinthe, en vos premiers combats,
Sous leurs toits embrafés, errantes dans vos bras,
Demandent à grands cris qu'on appaife leurs manes.

Exterminez, grands Dieux, tous ces peuples pro-
fanes.
Le vil fang d'une efclave à vos autels verfé,
Eft d'un bien faible prix pour le ciel offenfé :
C'eft du moins un tribut que l'on doit à mon temple;
Et la terre coupable a befoin d'un exemple.

TEUCER.

Vous, foutiens de l'État, Guerriers victorieux,
Favoris de la gloire; & vous, Prêtres des Dieux,
Dans cette longue guerre où la Créte eft plongée,
J'ai perdu ma famille, & ce fer l'a vengée;

Je pleure encor fa perte. Un coup auffi cruel
Saignera pour jamais dans ce cœur paternel.
J'ai dans les champs d'honneur immolé mes victimes.
Le meurtre & le carnage alors font légitimes.
Nul ne m'enfeignera ce que mon bras vengeur
Devait à ma famille, à l'État, à mon cœur.
Mais un autel fouillé du fang d'une étrangere,
Peut-il fervir la Créte & confoler un pere?
Plût aux Dieux que Minos, ce grand Légiflateur,
De notre République augufte fondateur,
N'eût jamais commandé de pareils facrifices!
L'homicide, en effet, rend-il les Dieux propices?
Avons-nous plus d'États, de tréfors & d'amis
Depuis qu'Idoménée eut égorgé fon fils?
 Guerriers, c'eft par vos mains qu'aux feux vengeurs
  en proie,
J'ai vu tomber les murs de la fuperbe Troie.
Nous répandons le fang des malheureux mortels;
Mais c'eft dans les combats, & non pas aux autels.
Songez que de Calchas & de la Gréce unie,
Le ciel n'accepta point le fang d'Iphigénie.
Ah! fi pour nous venger le glaive eft dans nos mains,
Cruels aux champs de Mars, ailleurs foyons humains.
Ne peut-on voir la Créte heureufe & floriffante
Que par l'affaffinat d'une fille innocente?
Les enfans de Cydon feront-ils plus foumis?
Sans en être plus craints, nous ferons plus haïs.
Au Souverain des Dieux rendons un autre hommage.
Méritons fes bontés, mais par notre courage.
Vengeons-nous, combattons, qu'il feconde nos coups;
Et vous, Prêtres des Dieux, faites des vœux pour
 nous.

PHARÈS.

Nous les formons ces vœux, mais ils font inutiles
Pour les Rois mal inftruits & les cœurs indociles.
La loi parle, il fuffit : vous n'êtes en effet
Que fon premier organe & fon premier fujet.
C'eft Jupiter qui regne, il veut qu'on obéiffe ;
Et ce n'eft pas à nous de juger fa juftice,
S'il daigna devant Troie accorder un pardon
Au fang que dans l'Aulide offrait Agamemnon.
Quand il veut, il fait grace. Ecoutez en filence
La voix de fa juftice ou bien de fa clémence.
Il commande à la terre, à la nature, au fort;
Il tient entre fes mains la naiffance & la mort.
Quel étrange intérêt vous agite & vous preffe ?
Nul de nous ne montra ces marques de faibleffe
Pour le dernier objet qui fut facrifié.
Nous ne connoiffons point cette fauffe pitié :
Vous voulez que Cydon céde au joug de la Créte;
Portez celui des Dieux dont je fuis l'interprête.
Mais voici la Captive.

SCENE III.

Les Acteurs précédens , ASTÉRIE.

DICTIME à *Teucer.*

A son aspect, Seigneur ,
La pitié qui vous touche , a pénétré mon cœur.
Que dans la Gréce encor il est de barbarie !
Que ma triste raison gémit sur ma Patrie !

PHARÈS.

Captive des Crétois, remise entre mes mains ,
Avant d'entendre ici l'arrêt de tes destins ,
C'est à toi de parler, & de faire connaître
Quel est ton nom, ton rang, quels mortels t'ont vu naître.

ASTÉRIE.

Je veux bien te répondre : Astérie est mon nom.
Ma mere est au tombeau ; le vieillard Azémon,
Mon digne & tendre pere , a dès mon premier âge
Dans mon cœur qu'il forma , fait passer son courage.
De rang : je n'en ai point. La fiere égalité
Est tout notre partage , & fait ma dignité.

PHARÈS.

Sais-tu que Jupiter ordonne de ta vie ?

ASTÉRIE.

Le Jupiter de Crète aux yeux de ma Patrie ,
Est un phantôme vain que ton impiété
Fait servir de prétexte à ta férocité.

PHARÈS.

Apprends que ton trépas qu'on doit à tes blasphêmes,
Est déjà préparé par mes ordres suprêmes.

B

ASTÉRIE.

Je le fais, de ma mort indigne & lâche auteur ;
Je le fais inhumain ; mais j'espere un vengeur.
Tous mes Concitoyens font juftes & terribles.
Tu les connais, tu fais s'ils furent invincibles.
Les foudres de ton Dieu, par une aigle portés,
Ne te fauveront pas de leurs traits mérités.
Lui-même, s'il exifte & s'il régit la terre,
S'il naquit parmi vous, s'il lance le tonnerre *,
Il faura bien fur toi, monftre de cruauté,
Venger fon divin nom trop long-tems infulté.
Puifle tout l'appareil de ta barbare fête,
Tes couteaux, ton bûcher retomber fur ta tête !
Puifle le Temple horrible où mon fang va couler
Sur ma cendre, fur toi, fur les tiens s'écrouler !
Périfle ta mémoire, & s'il faut qu'elle dure,
Qu'elle foit en horreur à toute la nature !
Qu'on abhorre ton nom, qu'on détefte tes Dieux !
Voilà mes vœux, mon culte & mes derniers adieux.

(à *Teucer*.)

Et toi, que l'on dit Roi, toi qui paffes pour jufte,
Toi, dont un peuple entier chérit l'Empire augufte,
Et qui du tribunal où les loix t'ont porté,
Sembles tourner fur moi des yeux d'humanité,
Plains-tu mon infortune en voyant mon fupplice?
Non, de mes affaffins, tu n'es pas le complice.

---

* Il ne faut pas confondre ici *Jupiter* avec l'*Etre fuprême*, qui meut & régit ce vafte Univers : il n'eft confidéré dans le cours de cette faible Tragédie, qui n'était pas deftinée pour le Théâtre, que comme une Divinité barbare que les Crétois s'étaient forgée. Ces Infulaires croyaient que ce Dieu était né parmi eux : plufieurs Peuples de la Gréce leur difputaient l'honneur de cette naiffance. Jupiter n'était pas plus né en Créte que parmi les Tongres ou les Auvergnats. On doit dire, avec M. l'Abbé Bergier : que *les différens Peuples qui fe glorifiaient d'avoir le Berceau ou le Tombeau de ce Dieu fameux, étaient des impofteurs, ou des gens follement abufés par des traditions fabuleufes,* Origine des Dieux, Tom. II, part. 4, pag. 3 :

MERIONE à *Teucer.*

On ne peut faire grace, & votre autorité,
Contre un usage antique, & par-tout respecté,
Opposerait, Seigneur, une force impuissante.

TEUCER.

Que je livre au trépas sa jeunesse innocente ? ....

MERIONE.

Il faut du sang au peuple, & vous le connaissez.
Ménagez ses abus, fussent-ils insensés.
La loi qui vous révolte est injuste, peut-être ;
Mais en Créte elle est sainte, & vous n'êtes pas maître
De secouer un joug dont l'Etat est chargé.
Tout pouvoir a son terme & céde au préjugé.

TEUCER.

Il le faut abolir quand il est trop barbare.

MERIONE.

Mais la Loi de Minos contre vous se déclare.

TEUCER.

Eh ! pourquoi dans Minos voulez-vous révérer
Ce que dans Busiris on vous vit abhorrer ?
Oui, j'estime en Minos le guerrier politique,
Mais je déteste en lui le maître tyrannique.
Il obtint dans la Créte un absolu pouvoir.
Je suis moins Roi que lui, mais je crois mieux valoir.
En un mot, à mes yeux, votre offrande est un crime.
      (à *Dictime.*)
Viens, suis-moi.
      (*On se leve & l'on descend de l'estrade.*)
PHARÈS *aux Sacrificateurs.*
      Qu'aux autels on traîne la victime.

SCENE IV.

LES ACTEURS PRÉCÉDENS.

(*Un Héraut arrive, un caducée à la main. Le Roi,
les Arcontes, les Sacrificateurs font debout.*)

LE HÉRAUT.

De Cydon les nombreux députés
Ont marché vers nos murs, & s'y font préfentés ;
De l'olivier facré, fes branches pacifiques,
Symbole de concorde, ornent leurs mains ruftiques.
Ils difent que leur chef eft parti de Cydon,
Et qu'il vient des captifs apporter la rançon.

PHARÈS.

Il n'eft point de rançon, quand le Ciel fait connaître
Qu'il demande à nos mains un fang dont il eft maître.

TEUCER.

La loi veut qu'on differe, elle ne fouffre pas
Que l'étendard de paix & celui du trépas
Etalent à nos yeux un coupable affemblage.
Aux droits des nations nous ferions trop d'outrage.
Nous devons diftinguer (fi nous avons des mœurs)
Le temps de la clémence & le temps des rigueurs.
C'eft par-là que le Ciel, fi l'on en croit nos fages,
Des malheureux humains attira les hommages.
Ce Ciel, peut-être enfin, veut lui fauver le jour.
Allez, qu'on la ramene en cette même tour,
Que je tiens fous ma garde, & dont on l'a tirée,
Pour être en holocaufte à vos glaives livrée.
Allez ; vous apprendrez un jour à pardonner.

ASTÉRIE.

Je te rends grace, ô Roi, fi tu veux m'épargner.
Mon fupplice eft injufte autant qu'épouvantable ;
Et quoique je portaffe un front inaltérable,
Quoiqu'aux lieux où le Ciel a daigné me nourrir
Nos premières leçons foient d'apprendre à mourir ;
Le jour m'eft cher, hélas ! mais s'il faut que je meure,
C'eft une cruauté que d'en différer l'heure.

(*On l'emmene.*)

TEUCER.

Le Confeil eft rompu : vous, braves combattans,
Croyez que de Cydon les farouches enfans
Pourront mal-aifément défarmer ma colère.
Si je vois en pitié cette jeune étrangère......
Le glaive que je porte eft toujours fufpendu
Sur ce peuple ennemi par qui j'ai tout perdu.
Je fais qu'on doit punir, comm'on doit faire grace.
Protéger la faibleffe ; & réprimer l'audace.
Tels font mes fentimens ; vous pouvez décider
Si j'ai droit à l'honneur d'ofer vous commander,
Et fi j'ai mérité des honneurs qu'on m'envie ;
Allez, blâmez le Roi, mais aimez la Patrie.
Sauvez-la ; mais fur-tout, fi vous craignez les Dieux,
Apprenez d'un Monarque à les connaître mieux.

Fin du premier Acte.

ACTE II.

SCENE PREMIERE.

DICTIME, Gardes, DATAME,
les Cydoniens dans le fond.

DICTIME.

Où font ces députés envoyés à mon maître ?
Qu'on les faffe approcher ; mais je les vois paraître.
Quel eft celui de vous dont Datame eft le nom ?

DATAME *s'approchant.*

C'eft moi.

DICTIME.

Quel eft celui qui porte une rançon,
Et qui croit par des dons, aux Crétois inutiles,
Racheter des captifs enfermés dans nos Villes ?

DATAME.

Nous ne rougiffons pas de demander la paix :
Je l'aime, je la veux, fans l'acheter jamais.
Le vieillard Azémon, que mon pays révère ;
Qui m'inftruifit à vaincre & qui me fert de père,
S'eft chargé, m'a-t-il dit, de mettre un digne prix
A nos Concitoyens par les vôtres furpris.
Nous venons les tirer d'un infame efclavage ;
Nous venons pour traiter.

DICTIME.

Eft-il ici ?

DATAME.

Son âge

A retardé fa courfe , & je puis en fon nom
De la belle Aftérie annoncer la rançon.
Du fommet des rochers qui divifent les nues,
J'ai volé , j'ai franchi des routes inconnues ,
Tandis que ce vieillard, qui nous fuivait de près ,
A percé les détours de nos vaftes forêts.
Par le fardeau des ans fa marche eft ralentie.

DICTIME.

Il apporte , dis-tu, la rançon d'Aftérie ?

DATAME.

Oui. J'ignore à ton Roi ce qu'il peut préfenter ;
Cydon ne produit rien qui puiffe vous flatter,
Vous allez ravir l'or au fein de la Colchide.
Le Ciel nous a privé de ce métal perfide.
Dans notre pauvreté, que pouvons-nous offrir?

DICTIME.

Votre cœur & vos bras dignes de nous fervir.

DATAME.

Il ne tiendrait qu'à vous, long-temps nos adverfaires,
Si vous l'aviez voulu, nous aurions été freres.
Ne prétendez jamais parler en Souverains:
Remettez en ce jour Aftérie en nos mains.

DICTIME.

Sais-tu quel eft fon fort?

DATAME.

Elle me fut ravie.

A peine ai-je touché cette terre ennemie;
J'arrive, je demande Aftérie à ton Roi,
A tes Dieux, à ton Peuple, à tout ce que je voi,

Je.viens ou la reprendre , ou périr avec elle.
Une Hélêne coupable, une illuftre infidelle,
Arma dix ans vos Grecs indignement féduits ;
Une caufe plus jufte ici nous a conduits :
Nous vous redemandons la vertu la plus pure ;
Rendez-moi mon feul bien , réparez cette injure.
Tremblez de m'outrager ; nous avons tous promis
D'être jufqu'au tombeau vos plus grands ennemis,
De mourir dans les murs de vos Cités en flammes,
Sur les corps expirans de vos fils, de vos femmes.
Tu nous connais fans doute , & tu dois concevoir
Ce que peut le courage armé du défefpoir.
Préviens notre vengeance , & fauves enfin la Créte.

DICTIME.

Nous faurons réprimer cette audace indifcréte.
J'ai pitié de l'erreur qui paraît t'emporter ;
Tu demandes la paix , & viens nous infulter.
Calmes tes vains tranfports, apprends, jeune barbare ;
Que pour toi, pour les tiens , mon Maître fe déclare,
Qu'il épargne fouvent le fang qu'on veut verfer ,
Qu'il punit à regret, qu'il fait récompenfer ;
Qu'intrépide aux combats, clément dans la victoire,
Il préfere fur-tout la juftice à la gloire.
Mérites de lui plaire.

DATAME.

Et quel eft donc ce Roi?....
S'il eft grand , s'il eft bon , que ne vient-il à moi?
Que ne me parle-t-il ? La vertu perfuade ;
Je veux l'entretenir.

DICTIME.

Le Chef de l'Ambaffade

Doit

Doit paraître au Sénat avec tes compagnons.
Il faut se conformer aux loix des Nations.

DATAME.

Est-ce ici son Palais?

DICTIME.

Non : ce vaste édifice
Est le Temple où des Dieux j'ai prié la justice
De détourner de nous les fléaux destructeurs,
D'éclairer les humains, de les rendre meilleurs.
Minos bâtit ces murs fameux dans tous les âges,
Et cent Villes de Créte y portent leurs hommages.

DATAME.

Qui ? Minos ! ce grand fourbe & ce Roi si cruel ;
Lui dont nous détestons & le trône & l'autel,
Qui les teignit de sang ; lui dont la race impure,
Par des amours affreux étonna la nature ;
Lui qui du poids des fers nous voulut écraser,
Et qui donna des loix pour nous tyrannifer ;
Lui qui du plus pur sang que votre Gréce honore,
Nourrit sept ans le monstre appelé Minotaure ;
Lui qu'enfin vous peignez, dans vos mensonges vains,
Aux bords de l'Achéron jugeant tous les humains ;
Et qui ne méritait, par ses fureurs impies,
Que d'éternels tourmens sous les mains des furies !
Parle. Est-ce là ton Sage ? est-ce là ton Héros ?
Crois-tu nous effrayer à ce nom de Minos ?
Oh ! que la renommée est injuste & trompeuse !
Sa mémoire à la Gréce est encor précieuse :
Ses loix & ses travaux sont par nous abhorrés ;
On méprise en Cydon ce que vous adorez.
On y voit en pitié les fables ridicules,
Que l'imposture étale à vos peuples crédules.

C

DICTIME.

Tout peuple a ses abus, & les nôtres sont grands ;
Mais nous avons un Prince ennemi des Tyrans ,
Ami de l'équité, dont les loix salutaires
Aboliront bientôt tant de loix sanguinaires ;
Prends confiance en lui ; sois sûr de ses bienfaits :
Je jure par les Dieux . . . . . .

DATAME.

Ne jure point : promets.

Promets-nous que ton Roi sera juste & sincere ;
Qu'il rendra dès ce jour Astérie à son pere.
De ses autres bienfaits nous pouvons le quitter ,
Nous n'avons rien à craindre , & rien à souhaiter.
La nature pour nous fut assez bienfaisante.
Aux creux de nos vallons sa main toute-puissante
A prodigué ses biens pour prix de nos travaux ;
Nous possédons les airs & la terre & les eaux.
Que nous faut-il de plus ? Brillez dans vos cent villes
De l'éclat fastueux de vos arts inutiles.
La culture des champs, la guerre sont nos arts :
L'enceinte des rochers a formé nos remparts.
Nous n'avons jamais eu, nous n'avons point de maître,
Nous voulons des amis : méritez-vous de l'être ?

DICTIME.

Je ne te réponds pas que ta noble fierté
Ne puisse de mon Roi blesser la dignité :
Mais il t'estimera. (*à sa suite.*) Vous , allez , qu'on
    prépare
Ce que les champs de Créte ont produit de plus rare ,
Qu'on traite avec respect ces Guerriers généreux.

(*Ils sortent.*)

DICTIME *seul.*

Puiſſent tous les Crétois penſer un jour comme eux !
Que leur franchiſe eſt noble ainſi que leur courage !
Le lion n'eſt point né pour ſouffrir l'eſclavage ;
Qu'ils ſoient nos alliés, & non pas nos ſujets ;
Leur mâle liberté peut ſervir nos projets.
J'aime mieux leur audace & leur candeur hautaine
Que les loix de la Créte & tous les arts d'Athene.

SCENE II.

TEUCER, DICTIME.

TEUCER.

Ainsi le fanatiſme & la ſédition
Animeront toujours ma triſte nation ;
Ce Conſeil de Guerriers contre moi ſe déclare :
On affecte ce zele implacable & barbare
Que toujours les méchans feignent de poſſéder ,
A qui ſouvent les Rois ſont contraints de céder.
J'entends de mes rivaux la perfide induſtrie
Crier de tous côtés, *religion, patrie !*
Tous prêts à m'accuſer d'avoir trahi l'État,
Si je m'oppoſe encor à cet aſſaſſinat.
Le nuage groſſit , & je vois la tempête
Qui ſans doute à la fin tombera ſur ma tête.

DICTIME.

J'oſerais propoſer , dans ces extrêmités ,
De nous faire un appui des mêmes révoltés ;
Des mêmes habitans de l'âpre Cydonie
Dont nous pourrions guider l'impétueux génie.

C 2

Fiers ennemis d'un joug qu'ils ne peuvent ſubir;
Mais amis généreux, ils pourraient nous ſervir.
Il en eſt un ſur-tout dont l'ame noble & fière
Connaît l'humanité dans ſon audace altière.
Il a pris ſur les ſiens, égaux par la valeur,
Ce ſecret aſcendant que ſe donne un grand cœur;
Et peu de nos Crétois ont connu l'avantage
D'atteindre à ſa vertu, quoique dure & ſauvage :
Si de pareils ſoldats pouvaient marcher ſous vous,
On verrait tous ces Grands ſi puiſſans, ſi jaloux
De votre autorité qu'ils oſent méconnaître,
Porter le joug paiſible, & chérir un bon maître.
Nous voulions aſſervir des peuples généreux.
Faiſons mieux, gagnons-les : c'eſt-là regner ſur eux.

T E U C E R.

Je le crois, ce projet peut ſans doute être utile,
Mais il ouvre la porte à la guerre civile.
A ce remede affreux faut-il s'abandonner ?
Faut-il perdre l'État pour le mieux gouverner ?
J'arrachais Aſtérie au ſort qu'on lui prépare;
Du ſang de mes ſujets ſerai-je moins avare ?
Il le faut avouer, je ſuis bien malheureux;
N'ai-je donc des ſujets que pour m'armer contr'eux ?
Pilote environné d'un éternel orage,
Ne pourrai-je obtenir qu'un illuſtre naufrage ?
Ah! je ne ſuis pas Roi, ſi je ne fais le bien.

D I C T I M E.

Quoi! donc contre les loix la vertu ne peut rien ?
Le préjugé fait tout; Pharès impitoyable
Maintiendra, malgré vous, cette loi déteſtable !
Quoi! le Conſeil l'appuie! on ne veut déſormais
Ni d'offres de rançon, ni d'accord, ni de paix.

TEUCER.

Attendons, mais sur-tout dérobons Astérie
Aux glaives, aux buchers qui menaçent sa vie,
C'est-là le premier soin dont je dois me charger.
Ah ! tu vois ce Pontife ardent à m'outrager !
Quel que soit son pouvoir, & l'orgueil qui l'anime,
Va, le cruel du moins n'aura point sa victime.
Va, dans ces mêmes lieux profanés si long-tems,
J'arracherai leur proie à ces monstres sanglans.

DICTIME.

Puissiez-vous accomplir cette sainte entreprise !

TEUCER.

Il faut bien qu'à la fin le Ciel la favorise ;
Et lorsque les Crétois, un jour plus éclairés,
Auront enfin détruit ces attentats sacrés,
(Car il faut les détruire, & j'en aurai la gloire)
Mon nom respecté d'eux vivra dans la mémoire.

DICTIME.

La gloire vient trop tard, & c'est un triste sort.
Qui n'est de ses bienfaits, payé qu'après sa mort,
Obtînt-il des autels, est encor trop à plaindre.

TEUCER.

Je connais, cher ami, tout ce que je dois craindre ;
Mais il faut bien me rendre à l'ascendant vainqueur
Qui parle en sa défense & domine en mon cœur.
Gardes, qu'en ma présence à l'instant l'on conduise
Cette Cydonienne entre nos mains remise.
                    (*Les Gardes sortent.*)
Je prétends lui parler avant que dans ce jour
On ose l'arracher du fond de cette tour,
Et la rendre à ce Prêtre, armé pour son supplice,
Qui presse, au nom des Dieux, ce sanglant sacrifice.
Demeure. La voici. Sa jeunesse, ses traits
Toucheraient tous les cœurs, hors celui de Pharès.

SCENE III.

TEUCER, ASTÉRIE, DICTIME,
GARDES.

ASTÉRIE.

QUE prétend-on de moi ? quelle rigueur nouvelle ,
Après votre promesse , à la mort me rappelle ?
Allume-t-on les feux qui m'étaient destinés ?
O Roi ! vous m'avez plainte , & vous m'abandonnez !

TEUCER.

Non : je veille sur vous, & le Ciel me seconde.

ASTÉRIE.

Pourquoi me tirez-vous de ma prison profonde ?

TEUCER.

Pour vous rendre au climat qui vous donna le jour.
Vous reverrez en paix votre premier séjour.
Malheureuse étrangère & respectable fille ,
Que la guerre arracha du sein de sa famille ,
Souvenez-vous de moi, loin de ces lieux cruels ;
Soyez prête à partir , oubliez nos autels ;
Une escorte fidelle aura soin de vous suivre.
Vivez : qui mieux que vous a mérité de vivre !

ASTÉRIE.

Ah , Seigneur ! ah , mon Roi ! je tombe à vos genoux.
Tout mon cœur qui m'échappe a volé devant vous.
Image des vrais Dieux, qu'ici l'on déshonore ,
Recevez mon encens ; en vous je les adore.
Vous seul vous m'arrachez aux monstres infernaux,
Qui, me parlant en Dieux, n'étaient que mes bourreaux.

Malgré ma jufte horreur de fervir fous un maître,
Efclave auprès de vous, je me plairais à l'être.

TEUCER.

Plus je l'entends parler, plus je fuis attendri !
Eft-il vrai qu'Azémon, ce pere fi chéri,
Qui, près de fon tombeau, vous regrette & vous pleure,
Pour venir vous reprendre a quitté fa demeure?

ASTÉRIE.

On le dit. J'ignorais, au fond de ma prifon,
Ce qui s'eft pû paffer dans ma trifte maifon.

TEUCER.

Savez-vous que Datame, envoyé par un père,
Pour venir propofer une paix falutaire,
Eft encor en ces lieux au meurtre deftinés?

ASTÉRIE.

Quel trouble a pénétré dans mes fens étonnés !
Datame ! . . . . . il eft connu du grand Roi de la Créte?
Datame eft parmi vous !

TEUCER.

     Dans votre ame inquiéte
J'ai porté, je le vois, de trop fenfibles coups.
Ne craignez rien pour lui. Serait-il votre époux?
Vous ferait-il promis? Eft-ce un parent, un frere?
Parlez fon amitié m'en deviendra plus chere.

ASTÉRIE.

Seigneur, l'hymen encor ne nous a point unis;
Mais Datame a ma foi; ce guerrier m'eft promis.
Nos fermens font communs, & ce nœud vénérable
Eft plus facré pour nous & plus inviolable,
Que tout cet appareil formé dans vos Etats,
Pour afferyir des cœurs qui ne fe donnent pas.

Le mien n'eſt plus à moi ; le généreux Datame
Allait me rendre heureuſe en m'obtenant pour femme,
Quand vos lâches ſoldats, qui dans les champs de Mars,
N'oſeraient ſur Datame arrêter leurs regards,
Ont ravi, loin de lui, des enfans ſans défenſe,
Et devant vos autels ont traîné l'innocence.
Ce ſont-là les lauriers dont ils ſe ſont couverts ;
Un Prêtre veut mon ſang, & je ſuis dans ſes fers.

TEUCER.

Ses fers ! ils ſont briſés, n'en ſoyez pas en doute ;
C'eſt pour lui qu'ils ſont faits ; & ſi le Ciel m'écoute,
Il peut tomber un jour aux pieds de cet autel,
Où ſa main veut ſur vous porter le coup mortel.
Je vous rendrai l'époux dont vous êtes privée,
Et pour qui du trépas les Dieux vous ont ſauvée.
Il vous ſuivra bientôt. Rentrez, que cette tour,
De la captivité juſqu'ici le ſéjour,
Soit un rempart du moins contre la barbarie.
On vient. Ce ſerait peu d'aſſurer votre vie.
Mais de tant d'attentats, de tant de cruauté
Je dois venger nos Dieux, vous & l'humanité.

ASTÉRIE.

Je vous crois, & de vous je ne puis moins attendre.

(*On l'emmene.*)

SCENE IV.

TEUCER, MERIONE.

MERIONE.

Seigneur, sans passion, pouvez-vous bien m'entendre?

TEUCER.

Parlez.

MERIONE.

Les factions ne me gouvernent pas.
Et vous savez assez que dans nos grands débats,
Je ne me suis montré le fauteur ni l'esclave
Des sanglans préjugés d'un peuple qui vous brave.
Je voudrais, comme vous, exterminer l'erreur,
Qui séduit sa faiblesse & nourrit sa fureur.
Vous pensez arrêter d'une main courageuse
Un torrent débordé dans sa course orageuse;
Il vous entraînera, je vous en averti.
Pharès a pour sa cause un violent parti;
Et d'autant plus puissant contre le Diadême,
Qu'il croit servir le Ciel & vous venger vous-même.
Quoi! dit-il, « dans nos champs la fille de Teucer,
» A son père arrachée, expira sous le fer;
» Et du sang le plus vil indignement avare,
» Teucer dénaturé respecte une barbare.
» Lui seul est inhumain, seul à la cruauté,
» Dans son cœur insensible, il joint l'impiété.
» Il veut parler en Roi quand Jupiter ordonne;
» L'encensoir du Pontife offense sa Couronne.

D

» Il outrage à la fois la nature & le Ciel,
»-Et contre tout l'empire il se rend criminel ».
Il dit ; & vous jugez , si ces accens terribles
Retentiront long-tems sur ces ames flexibles,
Dont il peut exciter ou calmer les transports,
Et dont son bras puissant gouverne les ressorts.

TEUCER.

Je vois qu'il vous gouverne , & qu'il sut vous séduire,
Vous m'apportez son ordre & vous pensez m'instruire.

MERIONE.

Je vous donne un conseil.

TEUCER.

Je n'en ai pas besoin.

MERIONE.

Tout Monarque en reçoit.

TEUCER.

Epargnez-vous ce soin.
Je fais prendre sans vous conseil de ma Justice.

MERIONE.

Elle peut sous vos pas creuser le précipice.
Tout Noble, dans notre île, a ce droit respecté
De s'opposer d'un mot, à toute noúveauté.

TEUCER.

Quel droit !

MERIONE.

Notre pouvoir balance ainsi le vôtre,
Chacun de nos égaux est un frein l'un à l'autre.

TEUCER.

Oui, je le sais, tout Noble est tyran tour-à-tour.

MERIONE.

De notre liberté condamnez-vous l'amour ?

TEUCER.

Elle a toujours produit le public esclavage.

MERIONE.

Nul de nous ne peut rien s'il lui manque un suffrage.

TEUCER.

La discorde éternelle est la loi des Crétois.

MERIONE.

Seigneur, vous l'approuviez quand de vous on fit choix.

TEUCER.

Je la blâmais dès-lors, enfin je la déteste;
Soyez sûr qu'à l'Etat elle sera funeste.

MERIONE.

Du moins jusqu'à ce jour elle en fut le soutien;
Mais vous parlez en Prince.

TEUCER.

      En homme, en citoyen.

Et j'agis en guerrier quand mon honneur l'exige;
A ce dernier parti gardez qu'on ne m'oblige.

MERIONE.

Vous pourriez hazarder dans ces dissensions
De véritables droits pour des prétentions.
Consultez mieux l'esprit de notre République.

TEUCER.

Elle a trop consulté la licence anarchique.
Vos abus sont trop grands.

MERIONE.

      Mais ils se font aimer.

TEUCER.

Sachez que mon devoir est de les réprimer.

MERIONE.

Vous pourriez proposer une loi juste & sainte;
Mais ne l'imposez pas, Seigneur: point de contrainte:

Vous révoltez les cœurs : il faut perfuader.
La prudence & le tems pourront tout accorder.

TEUCER.

Que le prudent me quitte , & le brave me fuive.
Il eft tems que je regne , & non pas que je vive.

MERIONE.

Régnez, mais ménagez les peuples & les Grands.

TEUCER.

Qu'ils ne me bravent point. Sachez que je prétends
Etre impunément jufte , & vous apprendre à l'être :
Si vous ne m'imitez , refpectez votre Maître.

(*à Dictime.*)

Et nous , allons, Dictime , affembler nos amis ,
S'il en refte à des Rois infultés & trahis.

Fin du fecond Acte.

ACTE III.

SCENE PREMIERE.

DATAME, CYDONIENS.

DATAME.

Pensent-ils m'éblouir par la pompe royale ?
Par ce faste impofant que la richeffe étale ?
Croit-on nous amolir ? Ces Palais orgueilleux
Ont de leur appareil effarouché mes yeux.
Ce fameux Labyrinthe, où la Gréce raconte
Que Minos autrefois enfevelit fa honte,
N'eft qu'un repaire obfcur, un fpectacle d'horreur ;
Ce Temple où Jupiter avec tant de grandeur
Eft defcendu, dit-on, du haut de l'empirée,
Eft un lieu de carnage à fa premiere entrée ;
Et les fronts des béliers égorgés & fanglans,
Sont de ces murs facrés les honteux ornemens.
Ces nuages d'encens qu'on prodigue à toute heure,
N'ont point purifié cette horrible demeure.
Que tous ces monumens, vantés dans tant d'écrits,
Quand on les voit de près, m'infpirent de mépris !

UN CYDONIEN.

Cher Datame, eft-il vrai qu'en ces pourpris funeftes
On n'offre que du fang aux puiffances céleftes ?
Eft-il vrai que ces Grecs, en tous lieux renommés,
Ont immolé des Grecs aux Dieux qu'ils ont formés ?

La nature à ce point ferait-elle égarée ?

DATAME.

A de vils imposteurs on dit qu'elle est livrée,

Qu'elle n'est plus la même , & qu'elle a corrompu

Ce doux présent des Dieux , l'instinct de la vertu :

C'est en nous qu'il réside , il soutient nos courages ;

Nous n'avons point de temples en nos déserts sauvages ;

Mais nous servons le Ciel , & ne l'outrageons pas

Par des vœux criminels & des assassinats.

Puissions-nous fuir bientôt cette terre cruelle ,

Délivrer Astérie & partir avec elle !

Son pere & son amant viennent la demander.

Sans elle , point de paix : rien ne peut s'accorder.

Sans elle , en ce séjour , on ne m'eût vu descendre

Que pour l'ensanglanter , & le réduire en cendre.

UN CYDONIEN.

Rendons tous les captifs entre nos mains tombés ,

Par notre pitié seule au glaive dérobés ,

Esclave pour esclave , & quittons la contrée

Où notre pauvreté qui dût être honorée ,

N'est aux yeux des Crétois qu'un objet de dédain :

Ils descendent vers nous par un accueil hautain :

Leurs bontés m'indignaient ; regagnons nos asyles ,

Fuyons leurs Dieux , leurs mœurs & leurs bruyantes
    villes.

Ils sont cruels & vains , polis & sans pitié ;

La nature entre nous mit trop d'inimitié.

DATAME.

Mais sur-tout de leurs mains arrachons Astérie.

Pourrions-nous reparaître aux yeux de la Patrie ,

Sans lui rendre aujourd'hui son plus bel ornement ?

Son pere est attendu de moment en moment.

En vain je la demande aux peuples de la Créte,
Aucun n'a satisfait ma douleur inquiéte :
Aucun n'a mis le calme en mon cœur éperdu ;
Par des pleurs qu'il cachait un seul m'a répondu :
Que disent, cher ami, ce silence & ces larmes ?
Je voulais à Teucer apporter mes alarmes ;
Mais on m'a fait sentir que, graces à leurs loix,
Des hommes tels que nous, n'approchent pas des Rois ;
Nous sommes leurs égaux dans les champs de Bellone.
Qui peut donc avoir mis entre nous & leur trône
Cet immense intervalle, & ravir aux mortels
Leur dignité premiere & leurs droits naturels ?
Il ne falloit qu'un mot ; la paix était jurée,
Je voyais Astérie à son époux livrée ;
On payait sa rançon, non du brillant amas
Des métaux précieux que je ne connais pas ;
Mais des moissons, des fruits, des trésors véritables
Qu'arrachent à nos champs nos mains infatigables.
Nous rendions nos captifs ; Astérie avec nous
Revolait à Cydon dans les bras d'un époux.
Faut-il partir sans elle, & venir la reprendre
Dans des ruisseaux de sang & des monceaux de cendre ?

SCENE II.

Les Acteurs précédens, un CYDONIEN
arrivant.

LE CYDONIEN.

Ah ! savez-vous le crime ?

DATAME.

O Ciel ! que me dis-tu?
Quel désespoir est peint sur ton front abattu?
Parle, parle.

LE CYDONIEN.

Astérie......

DATAME.

Eh bien !

LE CYDONIEN.

Cet édifice,
Ce lieu qu'on nomme temple est prêt pour son supplice.

DATAME.

Pour Astérie ?

LE CYDONIEN.

Apprends que dans ce même jour,
En cette même enceinte, en cet affreux séjour,
De je ne sais quels Grands la horde forcenée,
Aux bûchers dévorans l'a déjà condamnée.
Ils appaisent ainsi Jupiter offensé.

DATAME.

Je la verrais périr !

Un

Un autre C Y D O N I E N.

L'arrêt eft prononcé.

On doit l'exécuter dans ce temple barbare.

Voilà, chers compagnons, la paix qu'on nous prépare.

D A T A M E.

Je me meurs.

L E C Y D O N I E N.

Peut-on croire un tel excès d'horreurs?

Un autre C Y D O N I E N.

Il en eft encor un, bien cruel à nos cœurs,

Celui d'être en ces lieux réduits à l'impuiffance

D'affouvir fur eux tous notre jufte vengeance,

De frapper ces tyrans de leurs couteaux facrés,

De noyer dans leur fang ces monftres révérés.

D A T A M E *revenant à lui.*

Qui! moi! je ne pourrais, ô ma chere Aftérie,

Mourir fur les bourreaux qui t'arrachent la vie...

Je le pourrai fans doute, ô mes braves amis,

Montrez ces fentimens que vous m'avez promis,

Périffez avec moi; marchons.

(*Une voix fe fait entendre d'une des tours.*)

Datame, ... Arrête !...

D A T A M E.

Ciel ! d'où part cette voix ? quels Dieux ont fur ma tête

Fait retentir au loin les fons de ces accens?

Eft-ce une illufion qui vient troubler mes fens?

(*La même voix.*)

Datame !....

D A T A M E.

C'eft la voix d'Aftérie elle-même !

Ciel! qui la fis pour moi ! Dieu vengeur ! Dieu fuprême !

E

Ombre chere & terrible à mon cœur défolé...
Eft-ce du fein des morts qu'Aftérie a parlé ?

UN CYDONIEN.

Je me trompe, ou du fond de cette tour antique,
Sa voix faible & mourante à fon amant s'explique.

DATAME *après avoir écouté inutilement.*

Je n'entends plus ici la fille d'Azémon.
Serait-ce là fa tombe ? eft-ce là fa prifon ?
Les Crétois auroient-ils inventés l'un & l'autre ?

UN CYDONIEN.

Amis, quelle furprife eft égale à la nôtre ?

DATAME.

Des prifons ! eft-ce ainfi que ces adroits tyrans
Ont bâti, pour régner, les tombeaux des vivans ?
N'aurons-nous point de traits, d'armes & de machines ?
Ne pourrons-nous marcher fur leurs vaftes ruines ?
Quel nouveau bruit s'entend ?... Aftérie ! ah, grands
      Dieux !
C'eft elle, je la vois... elle marche en ces lieux ;
Mes amis, elle marche à l'affreux facrifice,
Et voilà les foldats armés pour fon fupplice,
Elle en eft entourée...

     (*On voit dans l'enfoncement Aftérie entourée*
       de la Garde que Teucer lui avait donnée.)

DATAME.

      Allons, c'eft à fes pieds
Qu'il faut, en la vengeant, mourir facrifiés.

SCENE III.

LES CYDONIENS, DICTIME.

DICTIME.

Où penſez-vous aller ? & qu'eſt-ce que vous faites ?
Quel tranſport vous égare, aveugles que vous êtes ?
Dans leur courſe rapide ils ne m'écoutent pas.
Ah ! que de cette eſclave ils ſuivent donc les pas.
Qu'ils s'écartent ſur-tout de ces autels horribles,
Dreſſés, par la vengeance, à des Dieux inflexibles :
Qu'ils ſortent de la Créte ; ils n'ont vu parmi nous
Que de juſtes ſujets d'un éternel courroux ;
Ils nous déteſteront : mais ils rendront juſtice
A la main qui dérobe Aſtérie au ſupplice.
Ils aimeront mon Roi dans leurs triſtes déſerts...
    (*On entend des cris & le bruit des armes.*)
  Mais de quels cris ſoudains retentiſſent les airs ?
Je me trompe, ou de loin j'entends le bruit des armes.
Que ce jour eſt funeſte & fait pour les alarmes !
Ah ! nos mœurs & nos loix, & nos rites affreux
Ne pouvaient nous donner que des jours malheureux.
Revolons vers le Roi.

SCENE IV.

TEUCER, DICTIME, *Suite.*

TEUCER.

Demeure, cher Dictime,
Demeure, il n'eft plus tems de fauver la victime.
Tous mes foins font trahis. Ma raifon, ma bonté,
Ont en vain combattu contre la cruauté.
En vain bravant des loix la trifte barbarie,
Au fein de fes foyers je rendais Aftérie ;
L'humanité plaintive, implorant mon fecours,
Du fer déjà levé défendait fes beaux jours ;
Mon cœur s'abandonnait à cette pure joie
D'arracher aux Tyrans leur innocente proie.
Datame a tout détruit.

DICTIME.

Comment ? quels attentats !...

TEUCER.

'Ah ! les fauvages mœurs ne s'adouciffent pas,
Datame.....

DICTIME.

Quelle eft donc fa fatale imprudence ?

TEUCER.

Il paiera de fa tête une telle infolence.
Lui ! s'attaquer à moi ! tandis que ma bonté
Ne veillait, ne s'armait que pour fa fûreté ;
Lorfque déjà ma garde à mon ordre attentive,
Allait, loin de ce temple, enlever la captive :

Suivi de tous les fiens , il fond fur mes foldats.

Quel eft donc ce complot que je ne conçois pas?

Étaient-ils contre moi tous deux d'intelligence?

Était-ce là le prix qu'on dût à ma clémence?

J'y cours. Le téméraire , en fa fougue emporté,

Ofe lever fur moi fon bras enfanglanté.

Je le preffe : il fuccombe , il eft pris avec elle ;

Ils périront : voilà tout le fruit de mon zele,

Je faifais deux ingrats ; il eft trop dangereux

De vouloir quelquefois fauver des malheureux.

J'avais trop de bonté pour un peuple farouche

Qu'aucun frein ne retient, qu'aucun refpect ne touche;

Et dont je dois fur-tout à jamais me venger.

Où ma compaffion m'allait-elle engager?

Je trahiffais mon fang , je rifquais ma couronne,

Et pour qui?

DICTIME.

Je me rends, & je les abandonne.

Si leur faute eft commune , ils doivent l'expier.

S'ils font tous deux ingrats ; il les faut oublier.

TEUCER.

Ce n'eft pas fans regret ; mais la raifon l'ordonne.

DICTIME.

L'inflexible équité, la majefté du trône,

Ces parvis tous fanglans , ces autels profanés,

Votre intérêt, la loi, tout les a condamnés.

TEUCER.

D'Aftérie en fecret, la grace, la jeuneffe

Peut-être malgré moi , me touche, m'intéreffe;

Mais je ne dois penfer qu'à fervir mon pays.

Ces fauvages humains font mes vrais ennemis.

Oui, je réprouve encor une loi trop sévere ;
Mais il est des mortels dont le dur caractere,
Infensible aux bienfaits, intraitable, ombrageux,
Exige un bras d'airain toujours levé sur eux.
Je fauvais Aftérie ; & je voulais encore
Détruire pour jamais un Temple que j'abhorre.
Il n'y faut plus penfer : nos amis incertains
Sont loin de feconder nos généreux deffeins ;
Ils n'entreprendront point un combat téméraire
Pour les jours d'un foldat & ceux d'une étrangere.
Ils ont voulu périr. C'en eft fait ; mais du moins
Que mes yeux de leur mort ne foient pas les témoins.

SCENE V.

TEUCER, *Suite* ; DICTIME, LE HÉRAUT.

TEUCER.

QUE font-ils devenus ?

LE HÉRAUT.

Leur fureur inouïe
D'un trépas mérité fera bientôt fuivie.
Tout le peuple à grands cris preffe leur châtiment.
Le Sénat indigné s'affemble en ce moment.
On dit qu'ils périront dans la demeure fainte
Dont ils ont profané la redoutable enceinte.

TEUCER.

Ainfi l'on va conduire Aftérie à la mort !

LE HÉRAUT.

Oui, Seigneur.

TEUCER.

Vainement j'ai veillé fur fon fort;
Ma pitié me trompait fur cette infortunée;
Ils ont fait, malgré moi, leur noire deftinée.
L'arrêt eft-il porté?

LE HÉRAUT.

Seigneur, on doit d'abord
Livrer fur nos autels Aftérie à la mort.
Bientôt tout fera prêt pour ce grand facrifice;
On réferve Datame aux horreurs du fupplice.
On ne veut point, fans vous, juger cet attentat;
Et la feule Aftérie occupe le Sénat.

TEUCER.

C'eft Datame en effet, c'eft lui feul qui l'immole;
Mes efforts étaient vains, & ma bonté frivole :
Revolons aux combats, c'eft mon premier devoir;
C'eft-là qu'eft ma grandeur, c'eft-là qu'eft mon pouvoir.
Mon auftérité faible eft ici défarmée :
J'ai ma voix au Sénat; mais je regne à l'armée.

LE HÉRAUT.

Le pere d'Aftérie, accablé par les ans,
Les yeux baignés de pleurs, arrive à pas pefans,
Se foutenant à peine; & d'une voix tremblante,
Dit qu'il apporte ici pour fa fille innocente
Une faible rançon dont il peut fe flater
Que votre cœur humain pourra fe contenter.

TEUCER.

Quelle fimplicité dans ces mortels agreftes !
Ce vieillard a choifi des momens bien funeftes.
De quel trompeur efpoir fon cœur s'eft-il flaté !
Je ne le verrai point ; il n'eft plus de traité.

LE HÉRAUT.

Il a , fi je l'en crois, des préfens à vous faire
Qui vous étonneront.

TEUCER.

Trop infortuné pere !
Je ne puis rien pour lui ; dérobez à fes yeux,
Du fang qu'on va verfer, le fpectacle odieux.

LE HÉRAUT.

Il infifte ; il nous dit qu'au bout de fa carriere,
Ses yeux fe fermeront fans peine à la lumiere,
S'il pouvait à vos pieds fe jeter un moment.
Il demandait Datame avec empreffement.

TEUCER.

Malheureux ! accordons à fa trifte vieilleffe
Un vain foulagement qu'exige fa faibleffe.
Ah ! quand mes yeux ont vu dans l'horreur des combats
Ma femme, mes enfans, expirer dans mes bras,
Les confolations, dans ce moment terrible,
Ne defcendirent point dans mon ame fenfible.
Je n'en avais cherché que dans mes vains projets
De régler mes États, d'inftruire mes fujets,
Et de civilifer l'agrefte Cydonie.
Du Ciel qui conduit tout la fageffe infinie

Réferve,

Réferve, je le vois, pour de plus heureux tems,
Le jour trop différé de ces grands changemens.
Le monde avec lenteur marche vers la fageffe,
Et la nuit des erreurs eft encore fur la Grèce.
Les Dieux me font témoins que fi j'avais voulu
Exercer fur la Créte un empire abfolu,
C'eût été pour fauver ma trifte République
D'une loi déteftable & d'un joug tyrannique.
Que je vous porte envie, ô Rois trop fortunés!
Vous qui faites le bien dès que vous l'ordonnés.
Rien ne peut captiver votre main bienfaifante.
Vous n'avez qu'à parler, & la terre eft contente.

Fin du troifiéme Acte.

ACTE IV.

SCENE PREMIERE.

Le Vieillard AZÉMON *feul.*

Quoi ! nul ne vient à moi dans ces lieux folitaires !
Et je n'y trouve point mes compagnons, mes freres.
Ces portiques fameux où j'ai cru que les Rois
Se montroient en tout tems à leurs heureux Crétois,
Et daignoient raffurer l'étranger en alarmes,
Ne laiffent voir au loin que des foldats, des armes.
Un filence profond regne de toutes parts ;
Je laiffe en vain errer mes avides regards.
Datame qui devait, dans cette cour fanglante,
Précéder d'un vieillard la marche faible & lente,
Datame devant moi ne s'eft point préfenté.
On n'offre aucun afyle à ma caducité.
Il n'en eft pas ainfi dans notre Cydonie ;
Mais l'hofpitalité loin des Cours eft bannie.
Oh ! mes concitoyens fimples & généreux,
Dont le cœur eft fenfible & les bras valeureux ;
Que pourrez-vous penfer quand vous faurez l'outrage
Dont l'orgueil monarchique a pu flétrir mon âge ?
  Ah ! fi le Roi favait ce qui m'amene ici,
Qu'il fe repentirait de me traiter ainfi ! (*Il s'affied.*)
Une route pénible & la trifte vieilleffe
De mes ans fatigués accablent la faibleffe :

Goûtons fous ces cyprès un moment de repos,
Que le ciel rarement accorde à nos travaux.

(*Au Héraut qu'il apperçoit.*)

Irai-je donc mourir aux lieux qui m'ont vu naître,
Sans avoir dans la Créte entretenu ton maître ?

SCENE II.

TEUCER *dans le fond,* précédé du HÉRAUT ;
AZEMON, *fur le devant.*

LE HÉRAUT.

Etranger malheureux, je t'annonce mon Roi.
Il vient avec bonté ; parles & raffure-toi.

AZÉMON, *fe levant.*

Va, puifqu'à ma priere il daigne condefcendre,
Qu'il rende grace aux Dieux de me voir, de m'entendre.

TEUCER.

Eh bien ! que prétends-tu, Vieillard infortuné ?
Quel démon deftructeur à ta perte obftiné,
Te force à déferter ton pays, ta famille,
Pour être ici témoin du malheur de ta fille ?

AZÉMON.

Si ton cœur eft humain, fi tu veux m'écouter,
Si le bonheur public a de quoi te flater,
Elle n'eft point à plaindre, & graces à mon zele
Un heureux avenir fe déploira pour elle.
Je viens la racheter.

F 2

TEUCER.

Apprends que déformais
Il n'eft plus de rançon, plus d'efpoir, plus de paix :
Quitte ce lieu terrible. Une ame paternelle
Ne doit point habiter cette terre cruelle.

AZÉMON.

'Ah ! crains que je ne parte.

TEUCER.

Ainfi donc de fon fort
Tu feras le témoin ! tes yeux verront fa mort !

AZÉMON.

Elle ne mourra point. Datame a pu t'inftruire
Du deffein qui m'amene, & qui dut le conduire.

TEUCER.

Datame, de ta fille a caufé le trépas.
Loin de l'affreux bucher précipite tes pas.
Retourne, malheureux, retourne en ta patrie ;
Acheve en gémiffant les reftes de ta vie.
La mienne eft plus cruelle, & tout Roi que je fuis,
Les Dieux m'ont éprouvé par de plus grands ennuis.
Ton peuple a maffacré ma fille avec fa mere,
Tu reffens, comme moi, la douleur d'être pere.
Va, quiconque a vécu, dut apprendre à fouffrir.
On voit mourir les fiens avant que de mourir.
Pour toi, pour ton pays, Aftérie eft perdue.
Sa mort par mes efforts fut en vain fufpendue.

AZÉMON.

Teucer, elle vivra ; j'ai des gages certains
Qui toucheront le cœur de tous fes affaffins.

TEUCER.

Ah! pere infortuné, quelle erreur te tranfporte!

AZÉMON.

Quand tu contempleras la rauçon que j'apporte,
Sois fûr que ces tréfors, à tes yeux préfentés,
Ne mériteront pas d'en être rebutés.
Ceux qu'Achille reçut du fouvérain de Troie,
N'égalaient pas les dons que mon pays t'envoie.

TEUCER.

Ceffe de t'abufer. Remporte tes préfens.
Puiffent les Dieux plus doux confoler tes vieux ans!
Va, pars, à tes foyers j'aurai foin qu'on te guide.

SCENE III.

TEUCER, DICTIME, AZEMON, LE HÉRAUT, GARDES.

DICTIME.

Ah! quittez le parvis de ce temple homicide.
Seigneur, du facrifice on fait tous les apprêts.
Ce fpectacle eft horrible, & la mort eft trop près.
Le feul afpect des Rois, ailleurs fi favorable,
Porte par-tout la vie, & fait grace au coupable;
Vous ne verrez ici qu'un appareil de mort:
Du criminel Datame on va trancher le fort:
Mais vous favez quel fang d'abord on facrifie,
Quel zele a préparé cet holocaufte impie.
Comme on eft aveuglé! Mes raifons ni mes pleurs
N'ont pu de notre loi fufpendre les rigueurs.

Le peuple, impatient d'une fcène cruelle,
L'attend comme une fête augufte & folemnelle:
L'autel de Jupiter eft orné de feftons;
On y porte à l'envi fon encens & fes dons.
Vous entendrez bientôt la fatale trompette,
A ce lugubre fon, qui trois fois fé répete,
Sous le fer confacré, la victime à genoux....
    Pour la derniere fois, Seigneur, retirons-nous;
Ne fouillons point nos yeux d'un culte abominable.

TEUCER.

Hélas ! je pleure encore ce vieillard vénérable.
Va, fur-tout qu'on ait foin de fes malheureux jours;
Dont la douleur bientôt va terminer le cours.
Il eft pere, & je plains ce facré caractere.

AZÉMON.

Je te plains encor plus, & cependant j'efpere.

TEUCER.

Fuis, malheureux, te dis-je.

AZÉMON *l'arrêtant.*

> Avant de te quitter

Ecoute encor un mot. Tu vas donc préfenter
D'Aftérie, à tes Dieux, les entrailles fumantes?
De tes Prêtres Crétois, bientôt les mains fanglantes
Vont chercher l'avenir dans fon fein déchiré.
Et tu permets ce crime!...

TEUCER.

> Il m'a défefpéré;

Il m'accable d'effroi, je le hais, je l'abhorre,
J'ai cru le prévenir, je le voudrais encore.
Dieu fait que j'ai veillé fur fes jours innocens:
Je rendais Aftérie à fes trifres parens.

Je fens quelle eft ta perte , & ta douleur amere.
C'en eft fait.

AZÉMON.

Tu voulais la remettre à fon pere ?

Va, tu la lui rendras.

SCENE IV.

LES MÊMES ACTEURS.

(Deux Cydoniens qui apportent une caffette couverte de lames d'or.)

Enfin, donc en ces lieux,
On apporte à tes pieds ces dons dignes des Dieux.

TEUCER.

Que vois-je !

AZÉMON.

Ils ont jadis embelli tes demeures...
Ils t'ont appartenu. — Tu frémis, & tu pleures...
Ils font pour Aftérie, il faut les conferver.
Tremble, malheureux Roi, tremble de t'en priver.
Aftérie eft le prix qu'il eft tems que j'obtienne.
Elle n'eft point ma fille... Apprends qu'elle eft la
tienne.

TEUCER.

O Ciel !

DICTIME.

O Providence ?

AZÉMON.

Oui, reçois de ma main
Ces gages, ces écrits témoins de fon deftin :

Ce Pyrope éclatant qui brillait fur fa mere,

> (*Il tire de la caffette un écrit qu'il donne*
> *au Roi.*)

Quand le fort des combats, à nous deux fi contraire,
T'enleva ton épouse, & qu'il la fit périr ;
Voilà cette rançon que je venais t'offrir.
A tes yeux paternels elle eft plus précieufe
Que tous les vains tréfors de ta Cour fomptueufe.

TEUCER.

Ma fille !...

DICTIME.

Juftes Dieux ! ...

TEUCER.

Ah ! mon libérateur....

Mon pere !... Mon ami !... Mon feul confolateur !

AZÉMON.

De la nuit du tombeau mes mains l'avaient fauvée ;
Comme un gage de paix, je l'avais enlevée.
Je la vis croître en graces, en beauté, en vertus.
Je te la rends.—Tes Dieux ne la demandent plus.

TEUCER.

Ma fille !...Allons —fuis-moi.

DICTIME.

Quels momens !

TEUCER.

Ah ! peut-être

On l'entraîne à l'autel , & déja le Grand-Prêtre...

> (*On entend le fon des trompettes.*)

Gardes qui me fuivez, fecondez votre Roi.
Ouvrez-vous, temple horrible.

SCENE

SCENE V.

Les Acteurs précédens, AZÉMON.

(*On enfonce les portes du temple. On entend de nouveau les trompettes : on voit Astérie à genoux près de l'autel ; Pharès, la hache à la main, entouré de Sacrificateurs, prêt à la frapper : on voit le bucher s'enflammer dans l'enfoncement.*)

TEUCER.

Ah ! qu'est-ce que je vois ?

Ma fille.

PHARÈS.

Qu'elle meure.

TEUCER.

Arrête, qu'elle vive !

AZÉMON.

Astérie ! . . .

PHARÈS.

Ose-tu délivrer ma captive ?

TEUCER.

Misérable, ose-tu lever ce bras cruel ? . . .
Dieux ! bénissez les mains qui brisent cet autel !
C'était l'autel du crime.

(*Il renverse l'autel & tout l'appareil du sacrifice.*)

PHARÈS.

Ah ! ton audace impie,
Sacrilege tyran, sera bientôt punie.

ASTÉRIE à *Teucer.*

Sauveur de l'innocence ! auguste protecteur !
Est-ce vous dont le bras équitable & vengeur,

De mes jours malheureux a renoué la trame?
Ah! si vous les sauvez, sauvez ceux de Datame.
Etendez jusqu'à lui vos secours bienfaisans,
Je ne suis qu'une esclave.

TEUCER.

O bienheureux momens!
Vous esclave! ô mon sang, sang des Rois, fille chere!
Ma fille, ce Vieillard t'a rendue à ton pere.

(*Il l'embrasse.*)

ASTÉRIE *étonnée & confuse.*

Qui! moi?

TEUCER.

Mêle tes pleurs aux pleurs que je répands;
Goûte un destin nouveau dans mes embrassemens.

(*Il l'embrasse une seconde fois, & la tenant entre ses bras,*
il dit:)

Image de ta mere à mes vieux ans rendue,
Joins ton ame étonnée à mon ame éperdue....

ASTÉRIE.

O mon Roi!....

TEUCER.

Dis, mon pere.... Il n'est point d'autre nom.

ASTÉRIE.

Hélas! est-il bien vrai, généreux Azémon?

AZÉMON.

J'en atteste les Dieux.

TEUCER.

Tout est connu.

ASTÉRIE.

Mon pere!

TEUCER *à ses Gardes.*

Qu'on délivre Datame, en ce moment prospere.

(à Dictime.)

Vous, écoutez.

ASTÉRIE.

O Ciel! ô deftins inouis!
Oui, fi je fuis à vous, Datame eft votre fils,
Je voïs, je reconnais votre ame paternelle.

DICTIME.

Seigneur, voyez déjà la faction cruelle,
Dans le fond de ce Temple environner Pharès.

(On voit en mouvement, dans le fond du Théâtre, Pharès
entouré de fes fuivans.)

Déjà de la vengeance ils font tous les apprêts.
On court de tous côtés, des troupes fanatiques
Vont le fer dans les mains inonder ces portiques.
Regardez Mérione, on marche autour de lui :
Tout votre ami qu'il eft, il paraît leur appui.
Eft-ce là ce héros que j'ai vu devant Troie!
Quelle fureur aveugle à mes yeux fe déploie?
L'inflexible Pharès a-t-il dans tous les cœurs
Des poifons de fon ame allumé les ardeurs?
Il n'entendit jamais la voix de la nature.
Il va vous accufer de fraude & d'impofture.
Datame en fa puiffance & de fes fers chargé,
A reçu fon arrêt, & doit être égorgé.

ASTÉRIE.

Datame!... Ah! prévenez ce crime épouvantable.

TEUCER.

Je fais que le faux zele eft toujours implacable;
Mais je ne craindrai plus de pareils attentats.

DICTIME.

Tranquille, il eût frappé votre fille en vos bras,

Et le peuple à genoux, témoin de fon fupplice,
Des Dieux dans fon trépas, eût béni la juftice.

TEUCER.

Quand il faura quel fang fa main voulut verfer,
Le barbare, crois-moi, n'ofera m'offenfer.
Quoique Datame ait fait, je veux qu'on le révere ;
Tout prend en ce moment un nouveau caractere.
Je ferai refpecter les loix des Nations.

DICTIME.

Ne vous attendez pas dans ces émotions
Que l'orgueilleux Pharès s'abaiffe à vous complaire.
Il attefte les loix, mais il prétend les faire.

TEUCER.

Il y va de fa vie ; & j'aurais de ma main,
Dans fon Temple ; à l'autel immolé l'inhumain,
Si le refpect des Dieux n'eût vaincu ma colere.
Je ne veux point m'armer contre le fanctuaire ;
Mais tu verras qu'enfin je fais être obéi.
S'il ne me rend Datame , il en fera puni.
Dût fous l'autel fanglant tomber mon trône en cendre.
Je cours y donner ordre , & vous pouvez m'attendre.

ASTÉRIE.

Seigneur, fauvez Datame, approuvez notre amour.
Mon fort eft en tout tems de vous devoir le jour.

TEUCER *au Héraut.*

Prends foin de ce vieillard qui lui fervit de pere ;
Sur les fauvages bords d'une terre étrangere.

(*Aux Gardes.*).

Veillez fur elle.

AZÉMON.

O Roi! ce n'eft qu'en ton pays
Que ton cœur paternel aura des ennemis.

(*Teucer fort avec Dictime. Les Gardes reftent.*)

AZÉMON.

O toi, Divinité qui régis la nature,
Tu n'a pas foudroyé cette demeure impure,
Qu'on ofe nommer Temple, & qu'avec tant d'horreur,
Du fang des Nations on foüille en ton honneur!
C'eft dans ces lieux de mort, dans ce repaire infame,
Qu'on allait immoler Aftérie & Datame!
Providence éternelle, as-tu veillé fur eux?
Leur as-tu préparé des deftins plus heureux?
Nous n'avons point d'autels où le faible t'implore.
Dans nos bois, dans nos champs, je te vois, je t'adore;
Ton Temple eft, comme toi, dans l'Univers entier.
Je n'ai rien à t'offrir, rien à facrifier.
C'eft toi qui donne tout. Ciel! protege une vie
Qu'à celle de Datame ici j'avais unie!

ASTÉRIE *à Azémon.*

S'il nous faut périr tous, fi tel eft notre fort,
Nous favons vous & moi comme on brave la mort.
Vous me l'avez appris : vous gouvernez mon ame;
Et je mourrai du moins entre vous & Datame.

Fin du quatriéme Acte.

ACTE V.

SCENE PREMIÈRE.

TEUCER, AZÉMON, MÉRIONE, LE HÉRAUT *Suite.*

TEUCER *au Héraut.*

ALLEZ, dites-leur bien que dans leur arrogance,
Trop long-tems pour faibleſſe, ils ont pris ma clémence;
Que de leurs attentats mon courage eſt laſſé;
Que cet autel affreux par mes mains renverſé,
Eſt mon plus grand exploit, & mon plus beau trophée;
Que de leurs factions enfin l'hydre étouffée,
Sur mon trône avili, ſur ma triſte maiſon
Ne diſtillera plus les flots de ſon poiſon.
Je ſuis Roi, je ſuis pere, & veux agir en maître.
(*à Mérione.*)   (*le Héraut ſort.*)
Et vous, qui ne ſavez ce que vous devez être,
Vous qui, toujours douteux entre Pharès & moi,
Vous êtes cru trop grand pour ſervir votre Roi,
Prétendrez-vous encor, orgueilleux Mérione,
Que vous pouvez abattre ou ſoutenir mon trône?
Ce Roi, dont vous oſez vous montrer ſi jaloux,
Pour vaincre & pour régner n'a pas beſoin de vous.
Votre audace aujourd'hui doit être détrompée,
Ou pour ou contre moi, tirez enfin l'épée.

Il faut, dans ce moment, les armes à la main,
Me combattre, ou marcher fous votre Souverain.

MÉRIONE.

S'il faut fervir vos droits, ceux de votre famille,
Ceux qu'un retour heureux accorde à votre fille,
Je vous offre mon bras, mes tréfors & mon fang.
Mais fi vous abufez de ce fuprême rang
Pour fouler à vos pieds les loix de la Patrie,
Je les défends, Seigneur, au péril de ma vie.
Pere & Monarque heureux, vous avez réfolu
D'ufurper, malgré nous, un pouvoir abfolu,
De courber fous le joug de la grandeur fuprême,
Les Miniftres des Dieux, & les Grands & moi-même.
Des vils Cydoniens vous ofez vous fervir
Pour opprimer la Créte, & pour nous affervir ;
Mais de quelque grand nom, qu'en ces lieux on vous
    nomme,
Sachez qu'un peuple entier l'emporte fur un homme.

TEUCER.

Tout l'État eft dans moi, fier & perfide ami,
Je ne vous connais plus que pour mon ennemi ;
Courez à vos tyrans.

MÉRIONE.

Vous le voulez?

TEUCER.

J'efpere
Vous punir tous enfemble, oui, marchez téméraire,
Oui, combattez fous eux ; je ne fuis point jaloux,
Je les méprife affez pour les joindre avec vous.

(*Mérione fort avec fes fuivans.*)

TEUCER à *Azémon*.

Et toi, digne Vieillard, toi dont l'ame héroïque
M'a forcé, malgré moi, d'aimer ta République;
Toi, fans qui j'euffe été, dans ma trifte grandeur,
Un exemple éclatant d'un éternel malheur;
Toi, par qui je-fuis pere, attends fous ces ombrages
Ou le comble, ou la fin de mes fanglans outrages.
Tu me verras bientôt mort, ou victorieux.

(Teucer fort.)

AZÉMON *feul.*

Ah! tu deviens mon Roi; --- rendez-moi, juftes Dieux,
Avec mes premiers ans, la force de le fuivre!
Que ce héros triomphe, ou je ceffe de vivre!
Datame, & tous les fiens, dans ces lieux raffemblés,
N'y feraient-ils venus que pour être immolés?
Que devient Aftérie? Ah! mes douleurs nouvelles
Me font encor verfer des larmes paternelles.

SCENE II.

ASTÉRIE, AZÉMON, GARDES.

ASTÉRIE.

Ciel! où porter mes pas? & quel fera mon fort?

AZÉMON.

Garde-toi d'avancer vers ces champs de la mort.
Ma fille, de ce nom mon amitié t'appelle;
Digne fang d'un vrai Roi, fuis l'enceinte cruelle,
Fuis ce temple exécrable, où les couteaux levés
Allaient trancher les jours que j'avais confervés.

Tremble.

Tremble.

ASTÉRIE.

Qui ? moi ! trembler, par vos leçons conduite,
Ce n'était pas ainsi que vous m'aviez instruite ;
Le Roi, Datame & vous, vous êtes en danger ;
C'est moi seule, c'est moi qui le doit partager.

AZÉMON.

Ton pere le défend, la fatale vieilleſſe,
De mes bras sans vigueur accable la faibleſſe ;
Aux combats autrefois ces lieux m'ont vu courir.
Va, nous ne pouvons rien.

ASTÉRIE *voulant ſortir.*

Ne puis-je pas mourir ?

AZÉMON *l'arrêtant.*

Tu n'en fus que trop près.

ASTÉRIE.

Cette mort que j'ai vue,
Sans doute était horrible à mon ame abattue ;
Inutile au héros qui vivait dans mon cœur,
J'expirais en victime, & tombais sans honneur :
La mort, avec Datame, eſt du moins glorieuſe ;
La gloire adoucira ma deſtinée affreuſe :
J'irai, j'imiterai ces compagnes de Mars,
Qu'Ilion vit combattre aux pieds de ſes remparts ;
Que Teucer admira, qui vivront d'âge en âge.
Pour de plus chers objets je ſerai davantage.
Dois-je ici des tyrans attendre en paix les coups,
Levés ſur mon amant, ſur mon pere & ſur vous ?
Ceſſez de me contraindre & d'avilir mon ame,
J'ai honte de pleurer ſans ſecourir Datame.

H

SCENE III.

Les Acteurs précédens, DATAME.

DATAME.

Il apporte à tes pieds sa joie & sa douleur.

ASTÉRIE.

Que dis-tu ?

AZÉMON.

Quoi ! mon fils !

ASTÉRIE.

Teucer n'est pas vainqueur ?

DATAME.

Il l'est. N'en doute pas : je suis le seul à plaindre.

ASTÉRIE.

Vous vivez tous les deux, qu'aurais-je encore à craindre ?
O Ciel ! ô providence enfin triomphe aussi
De tous ces Dieux affreux que l'on adore ici.

DATAME.

Il avoit à combattre, en ce jour mémorable,
Des tyrans de l'Etat le parti redoutable
Les Arcontes, Pharès, un Peuple furieux ;
Qui, trahissant son Roi, croyait servir les Dieux.
Nous entendions ses cris, tels que sur nos rivages
Les sifflemens des vents appellent les orages,
Et nous étions réduits au désespoir honteux,
De ne pouvoir mourir en combattant contr'eux.
Teucer a pénétré dans la prison profonde,
Où, cachés aux rayons du grand astre du monde,

On nous avait chargés du poids affreux des fers ,
Pour être avec toi-même en facrifice offerts,
Ainfi que leurs agneaux, leurs béliers , leurs géniffes
Dont le fang, difent-ils, plaît à leurs Dieux propices.
Il nous arme à l'inftant ; je reprends mon carquois,
Mes dards, mes javelots dont ma main tant de fois
Moiffonna dans nos champs leur troupe fugitive.
Bientôt de ces Crétois une foule craintive
Fuit, & laiffe un champ libre au héros que je fers :
La foudre eft moins rapide en traverfant les airs.
Il vole à ce grand chef, à ce fier Mérione :
Il l'abat à fes pieds ; aux fers on l'abandonne,
On l'enchaîne à mes yeux ; ceux qui, le glaive en main ,
Couraient pour le venger, l'accompagnent foudain.
Je les vois fous mes coups, roulans dans la pouffiere ;
Tout couvert de leur fang, je vole au fanctuaire,
A cette enceinte horrible & fi chere aux Crétois,
Où de leur Jupiter les déteftables loix
Avaient profcrit ta tête en holocaufte offerte.
Des voiles de la mort indignement couverte ,
On t'a vue à genoux , le front ceint d'un bandeau,
Prête à verfer ton fang fous le fer d'un bourreau.
Ce bourreau facrilege était Pharès lui-même :
Il confervait encor l'autorité fuprême ,
Qu'un délire facré lui donna fi long-tems
Sur les ferfs odieux de ce temple habitans.
Ils l'entouraient en foule , ardens à le défendre ,
Appellant Jupiter qui ne peut les entendre,
Et pouffant jufqu'au ciel des hurlemens affreux.
Je les écarte tous, je vole au milieu d'eux ;
Je l'atteins, je le perce, il tombe , & je m'écrie :
Barbare, je t'immole à ma chere Aftérie.

De ma jufte vengeance & d'amour tranfporté,
J'ai traîné jufqu'à toi fon corps enfanglanté ;
Tu peux le voir, tu peux jouir de ta victime.
Tandis que tous les fiens, étonnés de leur crime,
Sont tombés en filence & faifis de terreur,
Le front dans la pouffiere aux pieds de leur vainqueur.

AZÉMON.

Mon fils ! je meurs content.

ASTÉRIE.

O nouvelle patrie !
Ce jour eft donc pour moi le plus beau de ma vie !
Cher amant ! cher époux !

DATAME.

J'ai ton cœur, j'ai ta foi,
Mais ce jour de ta gloire eft horrible pour moi !

ASTÉRIE.

Eft-il quelque danger que mon amant redoute ?
Non, Datame eft heureux.

DATAME.

Je l'euffe été fans doute,
Lorfque dans nos forêts & parmi nos égaux,
Ton grand cœur attendri donnait à mes travaux,
Sur cent autres guerriers la noble préférence ;
Quand ta main fut le prix de ma perféverance,
Quand ton cœur fut à moi, la fille d'Azémon
Pouvait avec plaifir s'honorer de mon nom.
Le flambeau de l'hymen, porté par la victoire,
Eût de nos deux maifons éternifé la gloire.
Les lauriers de ton pere allaient s'unir aux miens
Refpectés & chéris de nos concitoyens,
Tu le fais, Azémon: ta bonté paternelle
Approuva cet amour qui m'enflamma pour elle.

AZÉMON.

Et je dois l'approuver encor plus que jamais.

ASTÉRIE.

Tes exploits, ton amour & tes nouveaux bienfaits
Seraient-ils un obstacle au succès de ta flamme,
Qui, dans le monde entier, peut m'ôter à Datame ?

DATAME.

Au sortir du combat, à ton pere, à ton Roi,
J'ai demandé ta main, j'ai réclamé ta foi ;
Non pas comme le prix de mon faible service,
Mais comme un bien sacré fondé sur la justice :
Un bien qui m'appartient puisque tu l'as promis....
Sanglant, environné de morts & d'ennemis,
Je vivais, je mourrais pour la seule Astérie.

ASTÉRIE.

Eh bien ! est-il en Créte une assez ame hardie
Pour t'oser disputer l'objet de ton amour ?

DATAME.

Ceux qu'on appelle Grands dans cette étrange Cour,
Et qui semblent prétendre à cet hymen insigne,
Déclarent qu'un soldat ne peut en être digne.
S'ils osaient devant moi ....

AZÉMON.

Respectable soldat,
Astérie est ta femme, ou Teucer est ingrat.

ASTÉRIE.

Il ne peut l'être.

DATAME.

On dit que dans cette contrée
La majesté des Rois serait déshonorée.
Je ne m'attendais pas que d'un pareil affront
Du vengeur de ton pere on pût couvrir le front.

ASTÉRIE.

Il fait rougir le mien.

DATAME.

La main d'une Princeſſe
Ne peut favoriſer qu'un Prince de la Gréce.
Voilà leur loi, leurs mœurs.

ASTÉRIE.

Elles ſont à mes yeux
Ce que la Gréce entiere a de plus odieux.
De ces fameuſes loix qu'on vante avec étude,
La premiere en ces lieux ſerait l'ingratitude !...
La loi, qui m'immolait à leurs Dieux en fureur,
Ne fut pas plus injuſte, & n'eut pas plus d'horreur.
Je reſpecte mon pere, & je me ſens peut-être
Digne du ſang des Rois où j'ai puiſé mon être.
Je l'aime : il m'a deux fois ici donné le jour.
Mais je jure par lui, par toi, par mon amour,
Que s'il tentait la foi que ce cœur t'a donnée,
Si du plus grand des Rois il m'offrait l'hyménée ;
Je lui préférerais Datame & mes déſerts...
Datame eſt mon ſeul bien dans ce vaſte univers.
Je foulerais aux pieds, Trône, Sceptre & Couronne.
Datame eſt plus qu'un Roi.

SCENE DERNIERE.

TEUCER, CYDONIENS, les Acteurs
précédens, *Soldats*, *Peuple*.

TEUCER.

Ton pere te le donne.
Il est à toi : nos loix se taisent devant lui.

ASTÉRIE.

Ah ! vous seul êtes juste.

TEUCER.

Oui, tout change aujourd'hui,
Oui, je détruis en tout l'antique barbarie.
Commençons tous les trois une nouvelle vie.
Qu'Azémon soit témoin de vos nœuds éternels :
Ma main va les former à de nouveaux autels.
Soldats, livrez ce Temple aux fureurs de la flamme.
(*On voit le Temple en feu, & une partie tombe
dans le fond.*)
Et pour mon héritier reconnaissez Datame.
Reconnaissez ma fille, & servez-nous tous trois,
Sous de plus justes Dieux, sous de plus saintes loix.
(*à Astérie.*)
Le peuple, en apprenant de qui vous êtes née,
En détestant la loi qui vous a condamnée,
Eperdu, consterné, rentré dans son devoir,
Abandonne à son Prince un absolu pouvoir.
(*à Mérione.*)
Vis, mais pour me servir, superbe Mérione :
Ton Maître est ton vainqueur, & Teucer te pardonne ;

La cabale & l'envie avaient pu t'éblouir,
Et ton feul châtiment, fera de me fervir.

(*aux Cydoniens.*)

Braves Cydoniens, goûtez des jours profperes;
Libres, ainfi que moi, ne foyez que mes freres;
Aimez les loix, les arts : ils vous rendront heureux.
Honte du genre humain, facrifices affreux,
Périffe pour jamais votre indigne mémoire!
Et qu'aucun monument n'en conferve l'hiftoire.

(*Aux Grands.*)

Nobles, foyez foumis, & gardez vos honneurs.
Vous, Prêtres, Grands & Peuple, adouciffez vos mœurs.
Servez Dieu déformais dans un plus digne Temple,
Et que la Gréce inftruite imite votre exemple.

D A T A M E.

Après avoir détruit de funeftes erreurs,
Ta clémence, grand Prince, a fubjugué nos cœurs.
Je ne méritais pas le trône où tu m'appelle;
Mais j'adore Aftérie, il me rend digne d'elle.

A Z É M O N.

Demi-Dieu fur la terre, ô grand Homme! ô grand Roi!
Regne, regne à jamais fur mon peuple & fur moi.

D A T A M E.

Aux fermens que je fais également fidele,
Brûlant d'amour pour toi, pour mon Roi plein de zele,
Puiffai-je en l'imitant juftifier fon choix!
Mais toujours fon fujet, fuivre toujours fes loix.

Fin du cinquiéme & dernier Acte.

www.ingramcontent.com/pod-product-compliance
Lightning Source LLC
Chambersburg PA
CBHW070823210326
41520CB00011B/2091